L 27
Ln 19284.

OBSERVATIONS

DE

M. TABARAUD,

Sur deux Articles qui le concernent dans l'Éloge anonyme de feu Monsieur Du-Bourg, Évêque de Limoges.

Prix : 50 c.

LIMOGES,
M.ᴸ ARDANT, IMPRIMEUR-LIBRAIRE.

6 Avril 1822.

OUVRAGES DE M. TABARAUD,

dont on trouve des Exemplaires chez le même Libraire.

Histoire du cardinal de Berulle, 2 vol. in-8.°

Du Droit de la Puissance temporelle sur le Mariage, suivi d'une Lettre à M. Boyer.

De l'Appel comme d'Abus, avec une Dissertation sur les Interdits arbitraires de dire la Messe.

De l'inamovibilité des Pasteurs du second ordre.

Supplément au précédent traité.

OBSERVATIONS

DE

M. TABARAUD,

Sur deux Articles qui le concernent dans l'Éloge anonyme de feu Monsieur Du-Bourg, évêque de Limoges.

S'IL pouvoit encore rester des doutes sur le malheur qu'a eu notre défunt Évêque, d'avoir été entouré de conseils aveugles ou perfides qui ont quelquefois égaré son zèle, les deux articles contre lesquels j'élève ma juste réclamation, suffiroient seuls pour dissiper toute incertitude à cet égard. La fâcheuse affaire qui m'avoit attiré la disgrâce du Prélat étoit oubliée. On avoit cru remarquer quelques regrets de sa part dans son testament, monument respectable de la charité pastorale, sur des *mesures* et des *erreurs* qui l'avoient excitée. On étoit instruit de la joie qu'il avoit témoignée, en recevant mon billet de visite au commencement de l'année, de sa disposition à me la rendre, à sa première sortie, au cas qu'il se rétablît de la cruelle maladie sous laquelle il a succombé; des ordres donnés pour que sa porte me fût ouverte à quelque heure que je me représentasse. Avec quel empressement ne me serois-je pas fait un devoir de lui aller exprimer ma sensibilité sur cet honorable retour, si ceux, qui en furent les témoins, m'en eussent fait prévenir. Cette entrevue, ardemment désirée de part et d'autre, eût été un sujet de satisfaction pour le Pasteur, de consolation pour sa brebis, et d'édification pour tout le troupeau.

Pourquoi faut-il, qu'après que les cœurs s'étoient rapprochés; que les ressentimens, qui pouvoient avoir existé, s'étoient effacés; que la réconciliation portoit tous les caractères d'une mutuelle sincérité, il se soit trouvé un homme haineux, tout imprégné de l'esprit de schisme, qui n'ait pas craint de renouveler d'affligeans souvenirs, de semer des germes de division dans l'éloge et sur la tombe de celui qui, dans l'acte de ses dernières dispositions, proteste, *qu'il n'a jamais pu comprendre ce que c'est que la haine et la vengeance !* Comment le téméraire anonyme n'a-t-il pas senti, que, rappeler de déplorables événemens, déjà loin de nous, c'étoit insulter à la mémoire de celui dont il a entrepris l'éloge, troubler la cendre du juste qui repose en paix dans le silence du tombeau, et accréditer le reproche des gens du monde qui nous accusent de rendre éternelles les rancunes sacerdotales ! Eh quoi ! c'est dans un temps où tous les membres de la tribu sainte doivent travailler de concert à réparer les brêches de la maison du Seigneur; où ils ont le plus grand intérêt de concentrer toutes leurs forces pour faire face à l'ennemi commun, qu'un prêtre, placé dans une haute station, cherche à désunir les pierres du sanctuaire dont l'édifice ne peut avoir de solidité que par leur étroite union.

J'abrège les tristes réflexions qu'un tel scandale fait naître en foule dans mon esprit : je n'entreprendrai pas même de déchirer le voile par lequel mon détracteur a eu la lâcheté de couvrir l'obscurité de son nom. Quand on attaque, il ne faudroit pas du moins avoir la déloyauté de lancer ses traits du sein d'un nuage, contre un ennemi qui combat à découvert. C'est à l'opinion publique, indignée de cet indécent procédé, que je l'abandonne pour en faire justice. Il me suffit de savoir le lieu d'où est sorti l'ouvrage, pour y reconnaître un de ces génies malfaisans qui s'étoient fait une religion de tromper la confiance d'un Prélat, dont les bonnes intentions méritoient d'être mieux secondées. Passons à l'examen particulier des deux articles qui doivent faire le sujet de cette discussion.

L'auteur commence par un fait évidemment faux, et par une contradiction palpable, qui annoncent l'irréflexion avec laquelle l'ouvrage a été composé. Il prétend, *page* 31, que le décret du 8 février 1818, portant condamnation des *Principes* sur le Mariage, fut inspiré à M. Du-Bourg par deux brochures contenant le poison de l'erreur, qui circuloient dans le diocèse. Or, tout le monde sait que ces écrits, destinés à montrer les aberrations du décret, lui étoient postérieures; aussi reconnoît-il, *page* 69, que c'est uniquement contre le livre des principes que fut dirigé ce décret. C'est avec la même irréflexion, pour ne pas dire avec une coupable perfidie, qu'il attribue à ces brochures la multiplicité des *unions clandestines*, qu'il n'ignore pas avoir été très-communes dans le diocèse, long-temps avant la naissance de notre contestation.

Il ajoute que ce fut de son *propre mouvement*, et pour obéir à la *voix de sa conscience*, que le Prélat rendit sa censure, qu'il remplit en cela un *devoir* dont *aucune considération* n'auroit pu le détourner. Mais comment des motifs aussi puissans lui avoient-ils permis de garder le silence sur un écrit publié en 1803, sous le même titre, et qui renfermoit exactement la même doctrine. Cet écrit méritoit d'autant plus d'exciter son animadversion, qu'il étoit clair, précis, à la portée des plus simples, et avoit été imprimé sous ses yeux dans sa ville épiscopale; au lieu que le livre des principes, imprimé à Paris, absolument ignoré à Limoges, étoit peu accessible au commun des lecteurs, à cause de la grosseur du volume, des discussions théologiques qu'il contenoit, et du prix de l'ouvrage. Cette différence de conduite aux deux époques ne peut venir que de ce que les conseillers épiscopaux de la première n'étoient pas animés du même esprit que les *zelanti* de la dernière. Nous sommes d'autant plus portés à croire que c'est là la véritable cause de cette différence de conduite, que nous avons la certitude que le Prélat n'avoit pas lu l'ouvrage censuré, lorsqu'il mit son nom à la tête du décret; qu'interpellé par un ancien Curé de lui montrer dans le livre les erreurs qui l'avoient si fort exaspéré, il ne put jamais les lui faire voir, quoiqu'on lui eut corné les feuilles où l'on prétendoit qu'elles se trouvoient.

Concluons de tout cela, que ce n'est point de son propre mouvement, que ce n'est pas pour obéir à la voix de sa conscience, pour remplir un devoir impérieux, que M. Du-Bourg se détermina à faire un acte d'extrême rigueur, où toutes les formes canoniques furent manifestement violées; mais qu'il n'agit, en cette occasion, qu'à l'instigation des perfides conseillers qui abusèrent de sa confiance pour le précipiter dans une fausse démarche. Voilà ce qui nous explique comment une contestation, qui s'étoit éteinte dans sa charité, je pourrois même dire dans sa justice ; car il a avoué qu'on l'avoit *convaincu* de ses torts pour le fond et pour la forme, vient d'être ressuscitée après sa mort, par celui qui s'est cru intéressé à soutenir son propre ouvrage. Quelques éclaircissemens rendront la chose encore plus sensible.

L'idée de la censure avoit été conçue à Limoges : l'exécution en fut confiée à un fougueux théologien de la rue du *Pot-de-fer*, à Paris, confrère du promoteur de toute cette affaire, et qui avoit déjà écrit contre moi dans le style violent des controversistes du seizième siècle. La publication en fut suspendue pendant quelques jours, par la crainte de comprendre dans le même anathême la doctrine du Rituel de Langres, où M. le Cardinal de la Luzerne avoit enseigné la même doctrine, que celle de mon livre. Mais l'extrême envie qu'on avoit de me faire flétrir par une autorité imposante, fit passer par-dessus cette considération. Le décret fut lancé, traduit en françois ; et colporté jusques dans les communautés de religieuses. On me fit même un crime d'en avoir relevé les nullités, comme on m'en fera peut-être un de repousser les inculpations de l'anonyme. Cette courte digression étoit nécessaire pour apprendre au public que les choses répréhensibles qu'on a remarquées dans le décret, ne sont point sorties du cœur de celui sous le nom duquel il a été produit; qu'elles n'ont pas même découlé de sa plume; que le seul tort qu'on pourroit lui reprocher, et qui lui est commun avec toutes les personnes en place, seroit d'avoir signé de confiance un acte informe qui lui étoit présenté par des gens qu'il devoit croire incapables de le tromper.

Au bout de près d'un an, dans un moment où l'on ne pensoit plus à cette contestation, l'auteur du décret inséra dans un journal, dont il étoit regardé comme le théologien, un long article contre ma personne, plutôt que contre mon livre, où quelques mauvais raisonnemens étoient noyés dans un déluge d'invectives et de calomnies, dont ses propres amis furent scandalisés. En envoyant un exemplaire de ma réponse imprimée à son digne supérieur, je lui manifestai la disposition où j'étois d'abandonner une controverse que mon adversaire faisoit dégéné-

rer en un combat de gladiateurs. Je reçus du respectable M. Duclaux une lettre honnête, qu'il terminoit par cette phrase : « Dans votre lettre à M. Boyer, vous pre-
« nez l'engagement de ne plus lui répondre.
« Je l'ai prié de prendre le même engage-
« ment envers vous, *et il me l'a promis*; »
et quinze jours après parut dans le même journal une nouvelle attaque de M. Boyer. Peut-être même n'est-il pas tout-à-fait étranger à la reprise des hostilités de son confrère de Limoges. Tel est le caractère de mes ennemis, *ab uno disce omnes*.

Passons maintenant des procédés à l'inconcevable ignorance du censeur. Je ne m'enfoncerai pas dans les broussailles de la scholastique, où les *ergoteurs* de profession peuvent, par de mauvaises subtilités, échapper aux argumens les plus clairs et les plus convainquans. J'avois annoncé que, si l'on me forçoit de rentrer dans le champ de cette controverse, je me bornerois à lui donner une forme élémentaire, dégagée de toute discussion scientifique, et que je mettrois les simples fidèles à portée de comprendre tout ce qu'il leur importe de savoir sur la question du mariage. C'est donc au Catéchisme du Diocèse, *extrêmement précieux par sa précision et sa clarté*, est-il dit dans le Mandement de M. Du-Bourg qui est en tête, que j'entreprends de ramener le nouveau docteur en Israël. Je ne pouvois pas choisir un champ de bataille qui fut plus dans son genre, puisqu'il est chargé de former ceux qui doivent l'enseigner aux enfans : voici ce qu'il contient sur la question dont il s'agit.

D. Qu'est-ce que le Sacrement de Mariage?

R. C'est un Sacrement qui consacre l'union du mari et de la femme, et leur donne la grâce de vivre ensemble chrétiennement, et d'élever les enfans selon Dieu.

Rien de plus clair et de plus précis que ce langage. L'union, formée entre les époux par leur libre consentement, est le contrat matrimonial, ou le mariage. On la suppose existante lorsque le sacrement survient pour la consacrer, c'est-à-dire, pour la sanctifier, en lui imprimant le sceau de la religion, et pour donner aux conjoints la grâce de remplir les diverses obligations de leur nouvel état. Ce n'est donc pas le Sacrement qui forme l'union. Cela est si vrai, que M. Du-

Bourg a changé en ce point l'ancien Catéchisme, qui portoit que : « C'est le Sacre-« ment qui *unit* l'homme et la femme d'une « manière indissoluble, » changement qui n'auroit aucun sens dans le système de mon adversaire. Il suit de-là que le contrat et le Sacrement sont deux choses différentes, ayant chacune leur être à part, tout-à-fait distinctes l'une de l'autre; que le mariage est exclusivement du ressort de la puissance civile ; que c'est à elle d'en poser les règles, d'en fixer les conditions, d'en déterminer les formes essentielles, de désigner les personnes entre lesquelles il pourra ou ne pourra pas être valablement contracté. L'Église, de son côté, reste maîtresse du Sacrement qui est sans contredit dans ses attributions. Mais sa juridiction ne sauroit, à aucun titre, ni sous aucun prétexte, s'étendre sur le contrat en quoi consiste le mariage. Elle peut seule faire des lois relatives au Sacrement, et juger des dispositions des personnes qui se présentent pour le recevoir, laissant au Magistrat politique le soin de juger du contrat et de tout ce qui le concerne. « Il est certain, dit M. le Cardinal de la Lu-« zerne, que le pouvoir de l'Église, qui est « purement spirituel, ne s'étend pas sur la

« *validité* du contrat civil, qui est une chose
« purement temporelle : elle peut bien dé-
« fendre de passer un contrat quelconque,
« et par-là le rendre *illicite* ; mais il n'est
« pas en son pouvoir de le rendre *invalide* (1).

Ce n'est pas seulement dans l'intelligence du Catéchisme que l'anonyme fait preuve d'ignorance, c'est encore dans celle du Rituel publié par M. d'Argentré. Voici ce qu'on y lit : « Le mariage est une société
« légitime, entre l'homme et la femme, que
« Dieu a établie dès le commencement du
« monde. Le Sacrement a été institué par
« Jésus-Christ pour sanctifier la société lé-
« gitime de l'homme et de la femme. » L'instruction, destinée à expliquer ce texte, y est entièrement conforme. Cette société, comme on voit, est non-seulement existante, mais encore *légitime*, c'est-à-dire valable, conforme de tous points aux lois qui gouvernent les contractans, avant que le Sacrement intervienne, pour la consacrer et la sanctifier. On ne pouvoit pas s'expliquer avec plus de clarté et de précision que ne le fait le Rituel, pour marquer la distinction du contrat et du Sacrement. L'un et

(1) Instruct. sur le Rituel de Langres, pag. 584.

l'autre y sont caractérisés par leur différente institution, et par leurs différens effets. On s'étoit exprimé à cet égard de manière à prévenir toute espèce de chicane.
« C'est de son institution dans le paradis
« terrestre, avois-je dis, que le mariage tire
« son essence : c'est de l'institution du Sa-
« crement dans l'Évangile, qu'il tire le ca-
« ractère de sainteté qui le distingue de tous
« les autres mariages, fait hors de l'Église,
« et sans l'intervention du ministère sacer-
« dotal ; que les époux catholiques sont te-
« nus, par la loi religieuse, de recevoir le
« Sacrement auquel sont attachées les grâ-
« ces spirituelles propres à leur état ; que
« toutes les ordonnances ecclésiastiques dé-
« cernent des peines plus ou moins sévères,
« contre ceux qui mettroient un trop long
« intervalle entre la célébration du mariage
« et la bénédiction nuptiale ; que ce qui
« doit servir de règle en cette matière, est
« que les conjoints qui refuseroient de se
« présenter à l'Église, pour y recevoir la
« bénédiction nuptiale, dont elle leur fait
« un précepte, se rendroient coupables d'in-
« fraction à ses lois, et compromettroient
« leur salut; que dans ce cas, le ministre
« de l'Église doit leur refuser l'absolution

« dans le tribunal de la pénitence, etc. (1) »
D'après une déclaration aussi formelle, méritois-je le reproche de vouloir soustraire le mariage à la juridiction de l'Église ?...

Toute cette doctrine se réduit, en dernière analyse, à ce qu'enseigne le concile de Trente, que le mariage, tel qu'il a été institué par le Créateur, dès l'origine du monde, forme l'union indissoluble, *indissolubilis unitas*, de ceux qui le contractent ; que la grâce du sacrement, que Jésus-Christ a méritée par sa passion, ne fait que le sanctifier, *gratia quæ conjuges sanctificaret, suâ passione, Christus promeruit*; que, par cette grâce, rien n'a été changé dans la nature du mariage, et que c'est uniquement, par cette grâce, qu'il diffère, sous la nouvelle loi, de ce qu'il étoit sous l'ancienne, *gratiâ præstat veteribus connubiis*, mais qu'il n'en est pas devenu plus indissoluble.

L'anonyme dit, que c'est ici une vérité qui intéresse la pratique. Nous en convenons. Aussi y a-t-il quelque chose à repren-

---

(1) Principes sur la distinction du contrat et du Sacrement de mariage, pages 187, 340, 347, etc. — Du droit de la puissance temporelle sur le mariage, chap. I.er

dre dans la pratique qui s'est introduite en France, à la faveur du faux principe que nous combattons. C'est ce qu'il est aisé de prouver par la conférence du cardinal Antonelli, l'un des principaux membres du sacré collége, avec M. l'abbé de Cambis, rapportée dans la *collection des brefs*. Il s'agissoit de savoir la conduite que les Évêques et les Curés, à leur rentrée dans le royaume, devroient tenir, à l'égard des mariages faits durant la révolution. Le cardinal établit en principe, que ce qu'il y a de plus essentiel dans le mariage, ce qui en constitue l'essence, est le consentement mutuel des parties, que le sacrement, ainsi que toutes les formalités prescrites par le concile de Trente, n'étant que de droit positif, ne peuvent détruire par leur omission ce qui est de droit naturel. Cette éminence conclut de-là, que les mariages contractés devant l'officier civil, sans l'intervention du ministère sacerdotal, sont très-valides, qu'on doit même bien se garder d'engager les conjoints à se présenter devant leurs pasteurs pour renouveler leur consentement, de peur de faire naître des doutes dans l'esprit des époux, indissolublement liés, sur la validité de leur union, parce que ce seroit les exposer à la tentation de la vouloir rompre, et de se refuser mutuellement le devoir conjugal, ce qu'on ne peut exiger d'eux.

Le cardinal Antonelli conclut de toutes ces considérations et de plusieurs autres, que les Évêques, en rentrant dans leurs diocèses, doivent regarder comme bons et valides tous les mariages faits civilement hors de la présence des pasteurs légitimes, *omnia debent supponi valida ;* que c'est là une règle qui s'applique à toutes les époques de la révolution, et qui s'adapte à toutes les localités. *Illa regula accommodatur omnibus temporibus et locis ;* qu'il faut seulement engager les époux ainsi mariés, à se présenter devant leur pasteur, non pour faire valider ou réhabiliter leur mariage, mais pour recevoir la bénédiction nuptiale, tant à cause des grâces qui y sont attachées, que pour donner plus de solennité à leur union, déjà validement et indissolublement contractée.

Qu'on juge maintenant si l'anonyme a eu bonne grâce de m'accuser d'avoir attaqué le pouvoir de l'Église, comme si ce n'étoit pas au contraire le rendre plus respectable, en le circonscrivant dans les bornes de ses attributions; d'avoir compromis la validité du *lien* conjugal, comme si ce n'étoit pas la mettre hors de toute atteinte que de lui donner pour garantie la loi divine de l'institution du mariage. Il me reproche d'avoir contribué à multiplier les unions clandestines par un ouvrage inconnu dans le diocèse, avant qu'une mesure, fruit de ses mauvais conseils, lui eût fait acquérir une certaine célébrité.

Nous ne doutons point que, si la magistrature d'aujourd'hui avoit, comme celle d'autrefois, la liberté de veiller au maintien du droit public du Royaume, elle ne réprimât avec une sévérité exemplaire les prétentions antinationales de ces hommes nouveaux, qui ne craignent pas de mettre en contradiction les lois de l'Église avec celles de l'État sur le plus important des contrats, de traiter de concubinage des unions que l'auteur de la nature et le Souverain temporel ont rendus inaltérables, de flétrir, par la note infamante de bâtardise, des enfans nés de mariages légitimes, et de porter le trouble dans les familles, en s'autorisant d'une fausse théologie. Mais puisque

3

le zèle des Ministres de la loi est paralysé, celui des Ministres de la Religion doit éclater avec encore plus d'énergie. Si l'homme indiscret qui nous provoque n'est pas satisfait de nos explications, nous lui offrons de discuter plus amplement la matière dans une conférence publique ou particulière, devant tels juges qu'il lui conviendra de choisir, et de lui prouver que dans l'attaque intempestive qu'il m'a livrée, le système d'où il est parti n'est pas moins faux en principe, que son procédé contraire à toutes les convenances.

Nous sera-t-il permis, en terminant cet écrit, de demander à quel titre un étranger, venu de l'extrémité du Royaume, ose fronder l'enseignement élémentaire du Diocèse, consigné dans le Catéchisme et dans le Rituel; de quel droit il a l'audace de dénoncer, comme rebelle à l'Église, un vétéran du sacerdoce, ou pour nous servir de la noble expression qu'on lui attribue, une de ces *vieilles ganaches* de l'ancien clergé, qui ne plient pas assez obséquieusement sous le ton de domination qu'il exerce sur ses jeunes élèves; de quel droit, disons-nous, il croit pouvoir frapper d'un tel anathème, un Prêtre qui, dans des temps difficiles, n'a cessé de combattre pour la défense des décrets de cette même Église ? A peine arrivé parmi nous, on le vit prendre, avec toute la tenacité d'une tête bretonne, un ascendant funeste dans le gouvernement du Diocèse, auquel le pieux Évêque n'osoit opposer la moindre résistance. Un de ses premiers exploits fut ce fameux Décret, qu'il fit fabriquer par son confrère de Paris, et adopter par un Prélat trop confiant : il ne tint pas à lui que M. Du-Bourg ne publiât, au mépris des lois du Royaume, un bref obreptice et subreptice ; et après avoir échoué dans sa tentative, pour l'engager dans cette fausse démarche, il promena le bref par toute la ville, et le fit insérer presque en totalité dans un journal affidé. Enfin c'est lui qui vient de renouveler les hostilités par un écrit qui ne devoit que nous entretenir des vertus de celui qui, dans sa dernière maladie, s'étoit montré si sensible à la respectueuse démarche que j'avois faite auprès de lui. Que d'inquiétudes ne doit-on pas concevoir sur le sort de la nouvelle génération du clergé, confiée à cet ardent caractère, qui fait consister sa religion à perpétuer l'esprit de schisme dans le sanctuaire, et dont les procédés annoncent l'absence de toute charité, comme sa doctrine offre une preuve incontestable de son ignorance. Serions-nous assez malheureux que de lui voir reprendre le même ascendant sous une nouvelle administration ? *Quod avertat Deus ?*

NOTE DE L'ÉDITEUR.

L'ouvrage qui a donné lieu à la réclamation de M. Tabaraud, se vend dans le magasin de librairie du sieur abbé Baudry, l'un des directeurs du séminaire, dont le commerce de livres s'étend dans tout le diocèse, au préjudice des libraires, pères de famille, chargés de payer un loyer de maison, un droit de patente, et de supporter le fardeau de toutes les autres impositions, dont ledit sieur Baudry et ses confrères sont affranchis. Ce privilège, si contraire à la Charte, pourra devenir l'objet d'une pétition aux Chambres, pour en demander la suppression, dans l'intérêt des citoyens qui en sont notablement lézés.

www.ingramcontent.com/pod-product-compliance
Lightning Source LLC
Chambersburg PA
CBHW062003070426
42451CB00012BA/2584